Inhalt

Globalisierung versus soziale Verantwortung: Corporate Social Responsibility-Strategien (CSR) für Unternehmen

Kernthesen

Beitrag

Fallbeispiele

Weiterführende Literatur

Impressum

# Globalisierung versus soziale Verantwortung: Corporate Social Responsibility-Strategien (CSR) für Unternehmen

G. Dengl

Kernthesen

- Deutsche Unternehmen versuchen im globalen Wettbewerb zu bestehen. Sie überprüfen Einsparpotenziale und reagieren oft mit Jobabbau. Ihnen wird vorgeworfen ihre sozialen Verantwortung zu vernachlässigen.

- Unterschied Mittelstand Großkonzern: Es stellt sich heraus, dass mittelständische Unternehmen oft als sozial verantwortlicher gelten als Großkonzerne. Trotzdem fehlt es beiden oft an einer abgestimmten und im Unternehmen verankerten Strategie für ihre Corporate Social Responsibility.
- Wenn soziale Verantwortung übernommen und nach außen hin richtig dargestellt wird, ist dies ein Wettbewerbsvorteil. Die angepeilten Effekte sind dabei motivierte Mitarbeiter, besseres Image und günstigere Kredite.

Beitrag

Die aufkommende Kapitalismusdebatte hat dazu geführt, die soziale Verantwortung, die Unternehmen vor allem als Arbeitgeber haben, auf den Prüfstand zu stellen. Es stellt sich die Frage: Wie viel soziale Verantwortung können und sollen Unternehmen heute noch übernehmen, wenn sie gleichzeitig auf renditeorientierte Investoren auf den Kapitalmärkten angewiesen sind?

Unternehmen sind gezwungen im globalen Wettbewerb Überlebensstrategien zu entwickeln

Unternehmen stehen durch die Globalisierung unter extrem hohen Anpassungsdruck und müssen sich ständig verändern um wettbewerbsfähig zu bleiben. Weiterhin haben Anleger, Analysten und Fondsverwalter ein starkes Interesse daran, dass das Unternehmen Gewinne realisiert. Investoren achten auf eine üppige Dividende und Private-Equity-Firmen halten auf dem Markt ständig nach Übernahmemöglichkeiten Ausschau.
Unter diesem gewaltigen Druck wird nicht mehr auf die Firmengeschichte bzw. -tradition Rücksicht genommen. Konzerne werden zerschlagen, Unternehmensteile weiterverkauft oder reformiert, Produktionen ins Ausland verlagert, ebenso die Forschung und Entwicklung.
Auch auf die Belange der Belegschaft wird keine Rücksicht genommen. Jobabbau ist eine beliebte Methode der Kostenreduktion und die Verlagerung von Produktionsstätten in Billiglohnländer gehört auch dazu. Das sind die Überlebensstrategien u. a. von DaimlerChrysler, Hoechst, Deutsche Bank und Adidas, durch die sie wettbewerbsfähig bleiben und

Profite erwirtschaften können. (3), (6)
Die Kapitalismusdebatte in Deutschland kritisiert diese Überlebensstrategien der Unternehmen und stellt die Frage der sozialen Verantwortung der Konzerne in der Gesellschaft.

Soziale Verantwortlichkeit muss ökonomisch unterlegt sein

Die Kapitalismusdebatte hat eine Wertedebatte ausgelöst, in der deutlich wurde, dass es gewünscht ist, dass Unternehmen sozial verantwortlich agieren, aber dies darf nicht auf Kosten des Jahresüberschusses geschehen.
Ein wichtiger Aspekt der sozialen Verantwortung ist dessen Finanzierung. Es muss betont werden, dass nur Unternehmen die prosperieren ihren Beitrag zur Gesellschaft leisten können, denn soziales Engagement kostet und wirkt sich wirtschaftlich erst auf lange Sicht aus. Damit sind die o. g. Überlebensstrategien legitimiert. Dieser Aspekt kam während der Kapitalismusdebatte allerdings kaum zur Sprache. (3), (2), (7), (6)

Fehlende Nachhaltigkeit bei sozialen Engagements

Soziales Engagement hat viele Facetten und es gibt keine allgemeingültige Strategie, die für alle Unternehmen gilt. Vielmehr suchen sich die Firmen unterschiedliche Engagements aus, die auch für sie selber langfristig von Nutzen sind. Leider werden diese Bemühungen oft nicht nachhaltig genug verfolgt, und nach einem Führungswechsel kann es sein, dass ein gestartetes Projekt sogar überhaupt nicht mehr weiterverfolgt wird. Die Konzentration hingegen auf einige wenige und sinnvolle Projekte wäre wesentlich effizienter. Nachdem die CSR in Deutschland im Vergleich zu den USA noch in den Kinderschuhen steckt, mag das noch entschuldigt werden. (2), (1)

Mittelständler bemühen sich mehr um soziale Verantwortung als Großunternehmen

Durch soziale Projekte, kulturelles Engagement und Nachhaltigkeitskonzepte versuchen Unternehmen

ihrer gesellschaftlichen Verantwortung gerecht zu werden und vernachlässigen dabei die Suche nach einer einheitlichen Strategie. Dabei erscheinen mittelständische Unternehmen oft sozial verantwortlicher als Großkonzerne.
Einige Unternehmen wie Gerling bilden eigene Arbeitsgruppen, die sich mit Corporate Social Responsibility (CSR) beschäftigen und Unternehmensstrategien entwickeln. (2)
Auch in der Pharmabranche, z.B. bei Betapharm wird die soziale Verantwortung langfristig als ein bedeutender Bestandteil der Unternehmenskultur gesehen. Wichtige Nebeneffekte sind eine motivierte Belegschaft, ein positives Image sowie billigere Kredite. Bei vielen Firmen fragen Aktionäre und Investoren kritisch nach der Wirtschaftlichkeit von sozialer Verantwortung. Aber durch das bessere Unternehmens- und Markenimage erhalten diese Firmen von den Agenturen tendenziell ein besseres Rating und damit günstigere Kredite. (2), (1), (7), (6)
Das Unternehmen Degussa hat sich dafür entschieden Bildung zu fördern und engagiert sich stark an Schulen und Hochschulen und entwickelt so hervorragende Kontakte zu Universitäten und späteren Arbeitnehmern wie Ingenieuren und Naturwissenschaftlern. Das soziale Engagement bedeutet hier gleichzeitig eine gute Möglichkeit zum Rekrutieren von neuen Arbeitskräften. (2)
Interessant ist, dass obwohl sich sowohl

Großkonzerne wie mittelständische Unternehmen sozial engagieren, die Mittelständler in dieser Hinsicht das bessere Image genießen. Dies kam in einer Studie zur Sprache, die im Rahmen der Kapitalismusdebatte in Auftrag gegeben wurde. (9)

Fallbeispiele

Umweltbewusstsein kann sich auszahlen muss aber nicht

Der Konzern Unilever hat die strategische Entscheidung getroffen ausschließlich Seefisch aus "bestandserhaltender Fischerei" zu verwenden. Damit zeigt das Unternehmen wie wichtig ihm Umwelt und Gesellschaft sind. Unilever ist bereit hierfür hohe Kosten in Kauf zu nehmen, denn die dafür notwendigen Kontrollen sind aufwendig. Das Unternehmen hat sich diesen Schritt wohl überlegt und jahrelang vorbereitet.
Auch hier stehen konkrete wirtschaftliche Interessen im Vordergrund. Es wird an das Gewissen der Verbraucher gegenüber der Umwelt appelliert. Diese

sollen bereit sein, deswegen höhere Preise zu akzeptieren.
Der Tiefkühlkonzern Frosta etwas Ähnliches versucht und ein Reinheitsgebot für seine Produkte beschlossen, wonach Zusatzstoffe verboten sein sollten. Die Folge davon war, dass 2004 der Umsatz um 40% einbrach, da die Kosten an den Kunden weitergegeben wurden und dieser nicht bereit war für bessere Qualität mehr zu bezahlen, sondern sich lieber den billigeren Produkten zugewendet hat. Dieses Beispiel zeigt wie risikoreich soziale Verantwortung sein kann, wenn sie ökonomisch nicht erfolgreich ist. (2)

Globale Unternehmen engagieren sich lokal

Ein weiterer Trend hinsichtlich der CSR ist die Corporate Citizenship und wurde vom Ford-Konzern initiiert. Das Unternehmen engagiert sich in seiner Stadt. Hintergrund ist, der Gemeinschaft in der man arbeitet und lebt, etwas zurückgeben zu wollen. (1)

Internationale

Spitzenunternehmen gehen zur Schule

Sogar Unternehmen, denen sonst eher nüchternes marktwirtschaftliches Kalkül vorgeworfen wird, engagieren sich. Ein Beispiel hierfür ist die Unternehmensberatung Bosten Consulting Group (BCG). Durch ihr Projekt Business@School möchte die Beratungsgesellschaft schon früh wirtschaftliches Denken und das Lernen im Team in die Gymnasien bringen. Laut der Pisastudie wird dies im normalen Unterricht kaum gefördert. Ähnliches gilt für den Mineralölkonzern BP. (1), (4)

Weiterführende Literatur

(1) Gewinn für alle Soziale Verantwortung gehört mittlerweile zu einer guten Konzernführung. Wenn sie zur Strategie passt, profitieren Unternehmen, Mitarbeiter und Gesellschaft. Gesellschaftliches Engagement
aus Capital vom 28.04.2005, Seite 64

(2) Das Unternehmen als guter Staatsbürger
aus HORIZONT 19 vom 12.05.2005 Seite 052

(3) Anpassen oder untergehen
aus Der Spiegel, 09.05.2005, Nr. 19, Seite 70

(4) "Mehr Verantwortung fürs Ganze"BP-Vorstand Hans-Jürgen Fleckhaus über Engagement, Image und Selbstverpflichtung des Mineralölkonzerns
aus Frankfurter Rundschau v. 25.05.2005, S.28

(5) Mittelstand stützt Münte
aus Frankfurter Allgemeine Sonntagszeitung, 29.05.2005, Nr. 21, S. 21

(6) Warum Kapitalismus verantwortungsvoll ist Klare Bekenntnisse zum Abschluss des ISC-Symposiums
aus Neue Zürcher Zeitung, 23.05.2005, Nr. 117, S. 13

(7) Pfadenhauer, O., «Liberale Märkte fördern den Wohlstand», Manager sind durchaus verantwortungsbewusst, Reger Gedankenaustausch am ISC-Management-Symposium, Finanz und Wirtschaft, 25.05.2005, S. 28
aus Neue Zürcher Zeitung, 23.05.2005, Nr. 117, S. 13

(8) Anderen helfen - mit Gewinn In diesen Tagen ist mehr denn je soziales Engagement der Unternehmen gefragt. \ Willkommene Nebeneffekte: motivierte Mitarbeiter, besseres Image.
aus Impulse vom 01.04.2005, Seite 104

(9) Soziale Ziele stehen hoch im Kurs Umfrage: Nur jeder fünfte Mittelständler hält Firmenwert für das Wichtigste
aus DIE WELT, 30.05.2005, Nr. 123, S. 11

Impressum

Globalisierung versus soziale Verantwortung: Corporate Social Responsibility-Strategien (CSR) für Unternehmen

Bibliografische Information der deutschen Nationalbibliothek

Die Deutsche Nationalbibliothek verzeichnet diese Publikation in der deutschen Nationalbibliografie; detaillierte bibliografische Daten sind im Internet über http://dnb.d-nb.de abrufbar.

ISBN: 978-3-7379-1204-4

© 2015 GBI-Genios Deutsche Wirtschaftsdatenbank GmbH, Freischützstraße 96, 81927 München, www.genios.de

Alle Rechte vorbehalten. Dieses Werk ist einschließlich aller seiner Teile – z.B. Texte, Tabellen und Grafiken - urheberrechtlich geschützt. Jede Verwertung außerhalb der Grenzen des Urheberrechtsgesetzes bedarf der vorherigen Zustimmung des Verlags. Dies gilt insbesondere auch für auszugsweise Nachdrucke, fotomechanische Vervielfältigungen (Fotokopie/Mikroskopie), Übersetzungen, Auswertungen durch Datenbanken oder ähnliche Einrichtungen und die Einspeicherung und Verarbeitung in elektronischen Systemen.